OBSERVATIONS

ADRESSÉES

A L'ASSEMBLÉE NATIONALE,

PAR UN DÉPUTÉ DES COLONS AMÉRIQUAINS.

MESSEIGNEURS,

Lorsque les Etats-Généraux furent convoqués, tous les Citoyens, propriétaires & contribuables furent appellés à s'assembler pour former leurs cahiers & nommer librement leurs Représentans.

Nous sommes Citoyens libres des Colonies, nous sommes possesseurs, contribuables & de plus très-utiles, donc nous devions être appellés aux Assemblées primaires pour former nos cahiers & nommer librement nos Représentans.

Nous n'avons cependant point été appellés à ces Assemblées primaires? Pourquoi? Parce qu'un préjugé injuste & barbare a fait que jus-

A

qu'à ce jour, nous avons été non-seulement repouſſés de tous emplois civils, mais même des Aſſemblées de Paroiſſe, quoique Propriétaires riches de la Paroiſſe.

L'Aſſemblée Nationale pourroit-elle faire tourner contre nous aujourd'hui un manque de formalité qui n'a pas été en notre pouvoir de remplir, puiſque nous en avons été empêchés par l'injuſtice, la force & la tyrannie menaçante. Plus dociles que n'ont été ici quelques Provinces, pourroit-on nous faire un crime de n'avoir pas employé des moyens hoſtiles pour nous aſſembler, tandis que nous ſentions que ces moyens auroient pu donner de violentes ſecouſſes à la Colonie.

Nous ne reconnoiſſons point nos Repréſentans dans le nombre de MM. les Députés de Saint-Domingue qui ont l'honneur de ſiéger parmi vous, Meſſeigneurs, nous n'avons en aucune manière concouru à leur élection; il eût été même abſurde de notre part de nous faire repréſenter par eux, puiſque depuis cinq ans nous n'avons ceſſé de réclamer contre les vexations que leurs Commettants nous ont fait éprouver, & qu'ils voudroient ſans doute continuer, puiſqu'ils font tous leurs efforts pour nous éloigner d'une repréſentation qui doit faire entendre à la Nation aſſemblée, nos longs & pénibles mal-heurs.

Je ſupplie l'Aſſemblée Nationale de vouloir bien prendre en conſidération ce que je vais avoir l'honneur de lui dire.

Nous n'avons pas manqué de demander à M. le Marquis du Chilleau , Gouverneur de Saint-Domingue, la permiſſion de nous aſſembler pour remplir le vœu de l'Edit de Convocation ; mais nos demandes ont toujours été infructueuſes à Saint-Domingue, & nous avons été ſans aucune réponſe à ce ſujet.

Ce n'eſt qu'ici, Meſſeigneurs, que M. le Marquis du Chilleau m'a fait l'honneur de me dire que, n'ayant pas autoriſé les Colons blancs à s'aſſembler, il n'avoit pu prendre ſur lui de nous y autoriſer, mais qu'il n'avoit pas manqué d'envoyer nos demandes au Miniſtre de la Marine ; & qu'il n'avoit eu de ce Miniſtre aucune réponſe à ce ſujet pendant ſon ſéjour à Saint-Domingue.

Alors, Meſſeigneurs, ſentant l'abſolue néceſſité de nous aſſembler ici, à défaut de pouvoir jamais y parvenir à Saint-Domingue, nous avons eu l'honneur d'en prévenir MM. de la Fayette & Bailly ; & après en avoir obtenu la permiffion, nous nous fommes affemblés chez M. de Joly au nombre de plus de cent pour former nos Cahiers & nommer les Députés, qui ont eu l'honneur d'être admis à la barre de votre augufte Affemblée.

Que peut-on objecter contre la légalité de cette conduite ? Que nous ne fommes pas chargés des pouvoirs de nos autres Concitoyens libres de la Colonie. Une fuppofition fimple, & qui devient vraie par rapport à nous, va répondre à cette objection, la plus forte de nos Adverfaires.

Je fuppofe qu'une Province de la France vînt annoncer en ce moment à l'Affemblée Nationale que fa Commune auroit été rejetée des Affemblées primaires par une claffe de cette même Province ayant le pouvoir, & que cette même claffe ayant tout pouvoir eût nommé feule, à l'exclufion de fes Communes, & parmi fes Membres, les Députés de cette Province, & qu'enfuite cent Membres de cette Commune exclus des Affemblées primaires dans fa Province euffent pu s'affembler ici fans obftacles, qu'ils euffent formé leurs Cahiers & nommé leurs Députés ; & enfin faire ce que nous avons fait, l'Affemblée Nationale, loin de les repouffer, de les rejetter, les eût au contraire accueillis, & leur eût accordé toute fa protection, fur-tout fi les Communes prouvoient que les premiers Députés n'étoient que des ennemis furieux, qui ne tendoient qu'à aggraver & perpétuer les maux de la Commune. (1)

Tel eft, Noffeigneurs, notre fituation. La force, la tyrannie, les menaces même, nous ont exclu des Affemblées primaires dans les Colonies. Et ce qui prouve, encore plus, c'eft l'acharnement des Colons blancs à nous éloigner de l'Affemblée Nationale : eux feuls font des objections à notre admiffion ; & des pamphlets auffi *ridicules qu'ils font peu plaifants*, montrent affez qu'ils ne négligent rien pour y parvenir.

Ils cherchent même jufqu'à ridiculifer la qualification que nous avons prife, quoique jufte. Nous fommes nés à l'Amérique, nous y avons des poffeffions, donc nous pouvons & nous devons nous appeller Colons Améri-

---

(1) Je demande pardon à M. de Mirabeau, s'il trouve ici un des forts arguments qu'il ait employé.

Je protefte qu'elle, a été vivement fentie par moi avant d'avoir lu le Courier de Provence, les vérités fe font également fentir.

quains. Voudroient - ils encore, après nous avoir ravi les droits sacrés de l'homme, nous ravir jusqu'à la faculté de nous dire du pays qui nous a vu naître ? Ah! Messeigneurs, c'est peu cacher les sentiments d'une haine bien injuste.

Peut-on présumer que nous ne soyons pas chargés tacitement & conventionnellement des pouvoirs de tous nos Concitoyens, Colons Amériquains, lorsque je prouve qu'en 1783, sous leurs yeux, j'adressai en leurs noms un Mémoire aux Administrateurs de la Colonie, & qu'ils me répondirent les lettres ci-jointes.

Au Cap, le 27 Mars 1783.

Nous sommes on ne peut pas plus satisfaits du zèle que les Gens de couleur de la Paroisse d'Aquin viennent de montrer en payant entr'eux une somme de 9410 livres pour leur portion dans la dépense du Vaisseau que la Colonie se propose d'offrir au Roi : nous ne doutons pas que vous n'ayez beaucoup contribué à les porter à cet acte patriotique, & nous vous en savons très-bon gré. Vous pouvez avec toute confiance, nous adresser le Mémoire dont vous nous

(7)

parlez, foyez très-affuré que nous vous ren-
drons bonne juftice.

Signés BELLÈCOMBE, BONGARS.

QUATRIÈME LETTRE.

Au Cap, le 11 Mai 1783.

Nous avons reçu le Mémoire que vous
nous avez adreffé fur le fort actuel des
hommes de couleur. Nous l'examinerons
avec toute l'attention poffible, pour nous mettre à portée de faire part au Miniftre des
obfervations dont il nous paroîtra fufcep-
tible, & de notre fentiment fur le tout.

Signés BELLECOMBE & BONGARS.

Que depuis cette époque, paffé en France
en 1784, je fus préfenté à M. le Maréchal
de Caftries par M. de Bellecombe, & que je
lui fus préfenté comme chargé de réclamer
pour mes Concitoyens, & qu'en conféquence
je lui remis fucceffivement plufieurs Mémoires,
dont il m'accufe la réception par la lettre
fuivante :

*Première Lettre de M. le Maréchal de Castries,
Ministre de la Marine.*

A Versailles, le 6 Mai 1786.

J'ai reçu, Monsieur, les trois Mémoires par lesquels vous réclamez AU NOM des Gens de couleur, contre les vexations que les blancs leur font éprouver dans les Colonies ; ils m'ont paru mériter attention, & je les envoie aux Administrateurs de Saint-Domingue pour avoir leurs avis.

Je suis, Monsieur, entièrement à vous.

Signé le Maréchal DE CASTRIES.

A M. Raimond,

MM. de la Luzerne & de Marbois étoient les Administrateurs à qui mes Mémoires furent renvoyés, & M. de la Luzerne, ayant écrit à plusieurs Colons Amériquains sur les lieux, pour avoir des éclaircissements sur les faits cités dans mes Mémoires, peut certifier que j'étois reconnu par eux comme leur Représentant.

Au retour de M. de la Luzerne en France,

je lui écrivis, pour lui demander une décision sur les Mémoires que M. le Maréchal
de Castries lui avoit adressés ; il me répondit
la Lettre ci-après.

Première Lettre de M. le Comte de la Luzerne, Ministre de la Marine.

A Versailles, 27 Novembre 1788.

J'ai reçu, Monsieur, la lettre du 15 de ce
mois, par laquelle vous me demandez une
décision sur les Mémoires que vous avez
adressés précédemment à M. le Maréchal de
Castries, à l'effet d'engager le Gouvernement
à adoucir le sort des gens de couleur dans les
Colonies. Je n'ai point perdu de vue cet
objet, sur lequel M. le Maréchal de Castries
m'avoit effectivement consulté pendant que
j'étois à St-Domingue, & j'ai chargé en der-
nier lieu MM. du Chilleau & de Marbois de
m'adresser divers détails qui me sont néces-
saires pour pouvoir prendre les ordres du
Roi. Dès que ces renseignemens me seront
parvenus, je les mettrai sous les yeux de
Sa Majesté. Je vous envoie au surplus les

papiers que vous aviez joints à votre lettre.

Je suis, Monsieur, entièrement à vous.

Signé DE LA LUZERNE.

A M. Raimond.

Donc j'étois reconnu, par lui, chargé de réclamer pour mes Concitoyens.

En Avril 1789, j'adreſſai encore un nouveau Mémoire pour le Roi, à M. de la Luzerne, & ce Miniſtre me répondit, par une ſeconde, que je ſoumets, comme la première, à l'Aſſemblée.

Deuxième Lettre de M. le Comte de la Luzerne.

A Verſailles, le 5 Mars 1789.

J'ai reçu, Monsieur, avec votre Lettre du 17 Février, le nouveau Mémoire par lequel vous inſiſtez ſur la néceſſité d'adoucir le ſort des gens de couleur libres dans les Colonies. J'ai chargé ſpécialement MM. du Chilleau & de Marbois de me mettre à portée de prendre les ordres du Roi ſur cet objet *intéreſſant.* Auſſi-tôt que leur avis me ſera par-

venu, je le mettrai fous les yeux de Sa Ma-
jefté, avec les différens Mémoires que vous
m'avez adreffés.

Je fuis, Monfieur, votre très-humble &
très-obéiffant ferviteur,

Signé DE LA LUZERNE.

A M. Raimond.

Donc j'étois encore reconnu pour le Repré-
fentant des Colons Amériquains.

Tous ces faits prouvent inconteftablement,
Meffeigneurs, que j'ai toujours été, & que
je fuis encore, autorifé de mes Compatriotes,
Citoyens libres, de couleur, à les repré-
fenter.

M'objecteroit-on que notre population eft
moindre que celle des Blancs; Meffeigneurs,
il eft un moyen de vérifier ce fait. On doit
avoir, dans quelque Bureau de la Marine,
des Etats de toutes les Milices nationales de
Saint - Domingue : que l'on compare le
nombre des Compagnies de Nègres libres, &
Citoyens de couleur, avec celles des Compagnies blanches, on pourra voir fi notre popu-

lation est moindre que celle des Blancs (1).

Au reste M. le Marquis du Chilleau qui vient de gouverner cette Colonie, m'a certifié que le nombre des Colons de couleur s'élevoit à plus de 27 mille individus. Et un Administrateur ne peut guere errer sur une pareille évaluation.

Objecteroit-on que nos possessions ne sont pas assez considérables pour avoir une députation. Je renvoie encore, pour prouver qu'il y a un très-grand nombre de notre classe de riches, aux recensemens que nous donnons tous les ans de nos possessions ; ces pièces doivent encore se trouver au Bureau de la Marine ; on y verra, d'après ces recensemens, que nous possédons au moins un tiers des propriétés de l'Amérique.

Si donc l'Assemblée Nationale n'a pas fixé (comme le dit M. Cocherel) le nombre des Députés de Saint-Domingue sur la population des Noirs & Mulâtres libres ; c'est parce qu'elle a senti que cette classe de libres & de Citoyens devoit être représentée particu-

---

(1) Dans toutes les Paroisses, les compagnies des Nègres & Gens de couleur, sont plus nombreuses que les compagnies des Blancs.

lièrement, comme l'a obfervé M. le Comte de Mirabeau, dans le temps; & c'eft ce qui a été en même-temps la plus forte objection à l'admiffion du grand nombre de MM. les Députés blancs, qui fe font préfentés.

Les Colons blancs ont une députation en raifon de leur population & de leur propriété. Les Colons Amériquains, ou les Citoyens libres de couleur, doivent auffi en avoir une comme Citoyens libres, poffeffeurs & contribuables; & avec d'autant plus de raifon, que tous les Citoyens libres de couleur tiennent au fol, par cela même qu'ils y font nés. Au lieu que dans la population blanche, fi vous en retranchez ce qui n'a point de poffeffion, ni même de domicile, comme Economes ou Commandeurs blancs, Pacotilleurs, Ouvriers courant les Habitations, les Rouleurs, les Chevaliers d'induftrie, les Pêcheurs, la plupart de Nations étrangères; d'autres, en affez grand nombre, qui s'aviliffent jufqu'à demander l'aumône, il ne reftera de la population blanche que, tout au plus, 8 mille individus.

C'eft donc à la Nation affemblée à décider du rang que nous devons avoir dans l'état civil, & non aux Colons blancs ſeuls, comme M. Cocherel le propoſe.

Nous réclamons l'Edit du Roi de 1685, pour les affranchis. Il porte : qu'ils jouiront des droits des autres Citoyens, libres naturel-lement.

Les ſollicitations faites au Roi, par les Co-lons blancs, de s'aſſembler à Saint-Domingue, pour y faire une conſtitution, ne peut re-garder que celle qui peut être faite pour les eſclaves; mais la conſtitution pour les hommes libres Citoyens, poſſeſſeurs & con-tribuables, quelle que puiſſe être leur origine, ne peut être faite que par l'Aſſemblée Na-tionale.

Nous ne ceſſerons de répéter que nous ſommes libres au phyſique, au moral, & politiquement, que nous ſommes enfin rentrés dans les droits impreſcriptibles de l'homme, & qu'en conſéquence nous ne devons faire qu'une même claſſe, qu'un même ordre, avec tous les ingénus nés de la Colonie. Et que ſi malheureuſement il exiſte, ſous la domi-nation françaiſe, un pays où l'on croit l'eſ-clavage néceſſaire encore pour un temps; il faut, dis-je, que dans ce pays il n'y ait que deux claſſes, celle des libres ou ingénus, &

celle des efclaves ; ne feroit-ce que pour contenir plus efficacement ces derniers, jufqu'à ce que la Nation ait pris des moyens fûrs pour les ramener à l'état de liberté, par une fucceffion de temps, & par des moyens qui puiffe agir, fans caufer un ébranlement funefte aux Colons & à la Métropole.

F I N.